해변극장

윤형근 시집

해변극장

달아실시선
97

달아실

보조 용언과 합성 명사의 띄어쓰기 등 본문의 맞춤법은 시인의 의도에 따른 것임.

시인의 말

도심의 서재와 산밭 사이를 오가며
틈틈이 끄적거린 시편들이 꼭 돌멩이 같다.

고만고만한 것들 쌓아 올려 대수롭지 않겠지만
어쩌다 금이 가고 부스러진다 해도
닭똥 같은 거름이라도 되었으면 좋겠다.

2025년 9월
윤형근

차례

해변극장

시인의 말　5

1부

물의 아이　10
비로 엮은 시　11
밤비가 유령처럼　12
불면의 날들　14
해변극장 1　16
두꺼비가 사는 법　18
물집　19
밤길의 주문　20
돌아오지 않는 골목　22
비에 젖은 날들　24
묵은 집　26
낡은 의자　27
생강라면　28
은밀한 전설　30
게걸음으로　32
달과 사과　34
단풍잎 뜨겁게　35
흩어진 너의 몸들로　36
환절기　38
해변극장 2　40

2부

거울 세상으로 42
우리는 나에게 44
옷에 관한 명상 45
언덕에 올라 46
비문법적 이력서 48
목동과 나무꾼 50
그때 그 수건 52
그 여름의 행방 54
수세미꽃 56
봉지 날다 58
계단의 추억 60
늙은 복서 61
깍두기를 위하여 62
거품 시장 64
개 같은 인생 66
군자君子 대로행大路行 68
유령 택시 70
뻐꾸기 둥지에서 72
거리의 몸짓 75
병사는 죽지 않는다 76

3부

버스가 다니던 옛길 80
가시 81
신의 농업 82
일개미 1 84
4월은 너에게 86
우리 집에 왜 왔니? 88
하우요夏雨謠 90
유배지에서 보낸 메일 92
최후의 유혹 94
악어 생각 96
박물관의 탄생 98
녹두밭 수색기 100
일개미 2 102
가을 유감 104
화살나무 단풍 105
버닝 하우스 106
허기의 야경 108
중력의 오리 110
매미는 떠나가고 112
불꽃의 아이 113

해설 _ 상징계를 넘어 실재계로 • 오민석 115

1부

물의 아이

보이지 않는 창공은 새의 무덤이고
네가 꽃씨처럼 뿌려진 땅속에도
지워지지 않는 하늘이 있다

평생 심었던 솜털이 새봄을 품고
푸릇푸릇 자라는 들판
여백으로 꽉 찬 길이
뼈가 시리게 발목을 물지만
어느 하늘에도 물이 흐른다

물소리 하나 감추지 못하고
뿌리 없는 것들은 멈출 수 없어
물의 아이는 날개가 없어도
승천하고 자유자재 유영하리

비로 엮은 시

저 구름이 눈물의 원천이라면
빗방울의 리듬을 잘 아는 가인은
날씨의 영혼을 작곡하리

구름은 빛을 잃으면 비장하게
뛰어내리는 법을 알고 있어서
눈물 쏟듯 비를 던진다고

먹장의 냄새가 허공에 번지고
침침하게 추녀 끝에 스며들어
일필휘지 천기를 누설하여라

내려온 비는 세상을 흥건하게 적셔
부푼 마음들을 흔들고 다니지만
아무도 돌아가는 건 못 보았다오

밤비가 유령처럼

창공에서 번쩍이는 날빛
빗줄기가 뭉텅이로 잘려 창문을 두드린다

목을 치는 소리 큰북 울리듯
창밖에 보이던 얼굴이 유리에 부딪쳐 뭉그러진다

길 건너 고택의 기와지붕으로 떨어지는
효수된 머리들이 드럼 치는 소리를 낸다

빗방울 행진곡이 점점 울렁거리며
요란하게 악머구리 소리를 닮아간다

밤늦게 혼자 올챙이국수를 먹으며
곤한 고개가 자꾸 숙여지는데

뚝뚝 끊어지는 졸음을 노 젓다가

잠이 빗소리를 몰아내면
어떤 빗방울은 기침하듯 허공에 멈춘다

팥알만 한 머리들이 둥둥 떠서
새날을 기다리듯 투명한 눈을 깜빡인다

불면의 날들

잠이 오시기를 기다리는 대합실에는
빨갛게 단풍 든 눈들이 기웃기웃
생각의 뻘밭을 서성거린다

자꾸 발이 빠져 움직이기 힘든 길이라고
걱정의 붉은 게가 모여들고
집게발을 휘둘러 뇌리의 갈피를 난도질한다

잠은 오늘도 연착인 모양이다
잿빛 속삭임이 거품으로 뿜어져 나오는
저녁의 모퉁이에서 스쳐 간 날벌레처럼
어지럽게 스러져가는 관성의 나날

의식의 수평선 저편에 기식하는 섬들이
얼핏 보일 듯 말 듯 깜빡이지만
그 사이에 누군가 코 고는 소리가
지구의 비강을 후비며 소름 돋운다

오늘의 자전이 물고 가는 바람 속에

물결같이 설레며 별은 뜨고 지건만

해변극장 1

낮에는 바닷물이 게거품을 물고
모래밭에 낙서하고 쓸어버리거나
통통한 바위 엉덩이를 찰싹 치고는
잽싸게 달아나 약을 올리지만

밤엔 육지도 가만히 있지 않아
벌떡 고개 들고 일어나 해수면을
손가락으로 쿡쿡 찍어 간을 보고는
노를 들고 휘저어 죽을 쑤곤 해

바다가 부글부글 끓어올라
이 섬 저 섬 밀고 당기며 불퉁거리면
육지도 언덕의 턱살을 깎거나
기슭의 뱃살을 잡고 떼어내
스스로 간척해서 바다 한끝을 멸하고

질척한 뻘밭에 숨은 물거품 잔당들은
짱뚱어 따라 펄쩍 뛰어 달아나다가
육지의 발목 잡고 봐달라 애걸하지만

멱살 잡혀 주름진 물결은 숨넘어갈 듯
누군가 지도를 접어 날리고 있다

두꺼비가 사는 법

두꺼비집에 두꺼비가 살았던가
고개를 들면 눈에 불을 올리고
멀뚱한 동자를 굴리는 할미
집집이 근황을 살피는 듯

밤이 깊어 집을 가둬놓은 어둠 속에
적막이 모래를 쌓는다
입이 깔깔해 아무리 침을 삼키고
혀를 날름거리며 주위를 기웃거려도

귀뚜라미 소리조차 들리지 않는다
파리들은 어느 따뜻한 나라로 갔나?
아니리, 치열하게 전쟁 난 곳으로 가야
식구들 파먹을 먹거리가 풍족할 텐데

적막을 깨는 폭음의 거리에서는
두꺼비도 고개 숙이고
속으로 주문을 외며
빛의 서슬을 피해 숨으리

물집

지상에는 변변한 거처 하나 없어도
노가다 너의 몸엔 여기저기 집이 있었다
그 집은 굳이 기초공사를 하지 않아도
기둥을 세우고 대들보를 올리지 않아도
예고 없이 뚝딱 지어졌다
자주 휘둘리는 손발 끝에 걸핏하면 생기는
게르 모양 아담하게 부풀어 오른 집
한 방울의 액즙 같은 주민이 깃들어 살았다
네가 땅을 파고 돌을 치우고 길을 여는 동안
손발이 스치고 부딪고 혹사한 자리에 문득
솟아난 작은 집, 뭐가 응어리졌는지
끈끈하게 뭉친 물방울 난민이 세 들어
은거하더니 불안한 모양이다
상처로 된 집이라고 몸이 부대껴
따가운 시선들이 흉가를 보듯 하다가
어느새 무너뜨려 바람 빠진 공처럼 짜부라진 집
입주하자마자 거품 물고 뛰쳐나온다
이슬보다 어둡고 무거운 하수처럼
주름진 살의 그늘로 흩어지는 철거민

밤길의 주문

면경 속에 주름 가득한 내 면상은
굴곡진 추억을 들킨 번데기의 상판
까마득한 어느 밤 변두리 극장에 눈 빠졌지

등골이 시리고 머리칼이 입추立錐하는
월하의 공동묘지에서 튀어나와 뒤통수에
뻔… 디기… 외치는 소리가
구미호 홀리듯 내 안의 주검을 누르고
감옥을 지나쳐 집으로 가는 길
애벌레는 번데기를 우물거렸지

희미한 가로등에 부딪는 나방들
파닥거리는 소리 분분해도
나방은커녕 번데기도 되다만
시절이여, 생의 변방에서 지저귀다가
달빛을 표절한 유행가로
이가 빠진 굴렁쇠 굴리며

어디까지 왔는가 다시

감옥을 지나 무덤 쪽으로 애벌레는

돌아오지 않는 골목

골목에 가로등이 싹트지 않아요
어둠 함께 헤던 정인도 어느새 스러져
우두커니 서서 손을 내저어도
걸리는 게 아무것도 없군요

눈을 감고 오를 세고
속눈 밝히면 보일까
별을 감고 열을 세고
속별 켜면 들릴까

적막하던 길이 출렁이나 봐요
저 멀리 허공 어딘가에
시야를 빨아먹고 혀를 감춘 입술이
불그레한 빛을 흘리고 있어요

내 입술은 말을 놓치고 기가 막혀
네 입술은 노래를 흘리고 숨이 죽어
나를 떠나 어디로 갔는지
혹시 네가 나의 속에 묻힌 건 아닌지

치를 떨며 혀를 굴리며 눈짓해도
걸리는 것 없이 입술은 저만치 떠서
웃는 듯 우는 듯 씰룩거리누나

놓친 말을 꽃이라 불러보고
흘린 노래를 나비라 불러보고 싶지만
나는 그냥 캄캄한 골목일 뿐이네
끄덕거리며 가라앉는 난파선에서

비에 젖은 날들

눈을 감으면 검은 하늘은 늘 무너져
비가 쏟아지며 지붕을 두드려 빗소리에
잠이 새고 빗물이 문지방을 넘어 들어와
내 영혼을 적셔 육신마저 흐느적거리는데
나는 다만 아플 뿐이고 빗물은
눈물보다 깊이 내 가슴에 스며들고

빗소리는 점점 요란하게 커져
천장이 새고 벽에 금이 가고 집은
속까지 흠뻑 젖어 주저앉고 싶다
검은 우비 걸친 수령은 내 발목에 족쇄 채우고
큰 눈 굴리는 아전은 내 등에 못을 박았지만
빗줄기는 여전히 퍼붓고 바닥을 휩쓸어

나만의 우수로 채워진 골방에서
나는 다만 어둡고 서늘한 빗줄기는
무거운 기억의 비상구를 찾아다닌다
차오른 물이 목까지 잠겨도
풍문의 바다로 흘러간 어미를

그리지 않아 비가 먹구름을 잊듯

하늘이 분기마다 감사를 보내
땅을 휘저어 길을 정비하는 거라고
고여 썩은 물 뒤엎어 갈아 치우고
내 육신 삭정이도 빗물에 흘려보낼지니
나는 꿈을 꾸네, 아픈 살을 도려내고
물거품 속에서 새로운 신이 태어나는

묵은 집

수십 년 애면글면 살아온 퀴퀴한 성냥갑
달팽이 혼이 달라붙어 죄는 것도 아닌데
안주인은 이사 갈 엄두가 안 난다고
내가 벽에 못을 박는 동안 남몰래
스스로 못 박히고 있었다, 십자가가 된 집

예배도 하지 않으면서 집은 손바닥에
단풍 드는 시늉으로 상흔을 길러 왔다
그 그늘에 철새들 간간이 둥지를 틀어
알에서 깨어난 새끼들은 이내 각자의 하늘을 찾아
연의 몸짓으로 훨훨 날아가곤 돌아오지 않는다

양조장 지게미 냄새로 젖은 유리창에
얼얼한 시선 띄우면 눈이 부시라고
낙조는 건너편 산자락에 날개를 걸친 채 막막하다
등성이에 기댄 흔들바위만큼 집은 들썩거리며

낡은 의자

언제부턴가 검버섯 번지는 서재의 회전의자는
등 기댈 때마다 뼈를 긁는 소리로
책상이 삐딱하게 지구보다 기울었다고
불온한 책들도 볼썽사납게 좀먹었다고
플라스틱 관절이 탈구되도록 악을 쓰네

좀이 쑤셔도 원숭이 엉덩이 추썩대지 말고
배꼽보다 낮은 데로 임하소서, 기도같이 졸지 말고
열목어 눈 부릅뜨고 정진하라, 삐걱거리는 동안
어복魚腹에는 누가 공양미라고 시주했는지
플라스틱 부스러기만 산더미보다 쌓였네

한때는 콘도르 날개처럼 등등하던 회전의자
앉을 때마다 가죽 벨트로 허리를 더욱 죄느니
눈알이 붉어지며 눈길 허공에 맴돌다가
일어서면 어지럽고 몸 가누기 힘들어
어느 회전문으로 빠져나가야 할지 모르네

생강라면

밤 깊어 출출할 때 생각나는 라면
공장도工場渡 맛으로 그냥 먹으면 심심해
고춧가루 팍팍 뿌리는 것은 물론이고
맵고 알싸하기로 손꼽히는 생강이 더하면
강력한 주술呪術로 혀를 얼얼하게 만들어
눈물에 옷자락을 적실 수도 있으니

먼 옛날 무정하게 해외로 떠난 이 그리며
아귀아귀 씹어 먹은 바다가 육지라면
기계적인 일에 얽매인 삶을 탄식하며
후루룩 면발 흡입하던 이 몸이 철새라면
무슨 생각을 되씹으며 여기까지 왔는지
생각나면 들러 봐요, 길모퉁이 선술집
아직도 음악은 추억을 빨아 마시고 흘러
사랑은 리듬보다 낡은 깃발인지
맵고 쓴 생강처럼 칸타빌레 생각나니

속도가 끌고 간 인스턴트 라면이라
최루탄도 속전속결 눈물을 말렸지

이 없어도 씹지 않아도 삼켜지는 언약인데
너라면 믿음을 무작정 뜸 들일 수 있겠냐고
불어 터진 라면은 볼멘소리로 튕기네
생강라면 먹어 봐요, 알싸한 황홀경에서
모든 걸 삼키고도 촉촉한 꿈속으로
면발은 사라져도 매운맛은 찡하게 치올라

은밀한 전설

내가 어느 별에서 왔는지
아무도 모를 것이다
나조차 기억이 가물가물하니
나는 고향의 아름다운 풍경을
꿈에서나 가끔 볼 뿐이다
거기서 나는 여자였다
어쩌다 술에 취해 옷을 벗고
빗속을 헤매다니는데 미친년이라고
주군은 나를 남자로 만들어
이 머나먼 지구에 밀파하였다

내가 무슨 일을 하는지
아는 사람 아무도 없으리라
나는 지구인들을 속이고
안심시켜 방심하게 한다
히틀러는 지금도 살아서
라인 강변 반석 위에서 그림 그리고
콜럼버스는 대서양 한가운데에서
여태껏 표류 중이라는 걸

누가 알겠는가?

나는 지구인들의 의식을
김밥 말 듯이 검게 감싼다
대신 껍질이 두꺼운 지구는
계속 벗겨서 지층을 살핀다
양파 껍질처럼 벗기다가
가끔은 예전 버릇이 남았는지
숲속에서 비 맞으며
옷을 훌훌 벗고 춤을 춘다

미친 듯이 춤추다 보면
나 자신이 지구라는 생각이 든다
꿈틀거리는 근육은 대륙이고
순환하는 피는 대양으로 변했다고

게걸음으로

출발 신호 총성이 울리기 전에 예감이
총알같이 한 발 내뻗어 먼저 나갔다는 거
내가 진작에 간파하고 있었거든
앞만 보며 달리는 주자들의 가장자리에서
나는 옆을 보고 서 있어서 다 안다네

타짜들이 격발보다 먼저 떠난 뒤에 겨우
화약 연기 속을 달리는 그들 뒤만 따라
아등바등 헉헉거리며 발을 놀리지
거품을 물고 악을 써서 달려도
사는 게 물거품으로 가는 거라고 하지만

앞을 똑바로 노려보며 달리지 못한다고
옆 눈치만 보며 해찰하는 것은 아닌데
어쩌다 눈 깜짝하는 사이 다리 한 짝 날아가
기우뚱거리며 집게발은 헛다리만 짚었지
하지만 떨어져 나간 신체는 또 자랄 것이라고

등껍질만이라도 무사하다면 땡볕 아래

명사십리 먼 길도 해탈의 꿈을 새기리
파도는 노래하라 모래를 토닥이며
나의 수평은 너희의 수직과 교차하리
바다의 아가미가 **빠끔빠끔** 생기가 도는 한
갯바위에 부딪뜨려 거품도 환하게 흩어지리

달과 사과

반달로 날을 세운 내 칼은
그때 사과를 깎으려 했지만
사과의 달착지근한 향기만 깎고
사과의 새빨간 순정만 깎고

꼭지에 남은 사과의 내력을 찾아
달빛 조명에 기대 헛손질하다가
사과를 내보낸 섭리의 씨앗만 도려냈다

떨어진 사과를 줍다가 간 어느 학자의
발자취를 찾으려 했지만
사과껍질에 찍힌 선조의 지문만 뜯어
여태껏 산 입에 거미줄 치고 살아왔다

자신을 벨 수도 없었던 내 언월도偃月刀는
녹슬고 손톱보다 무뎌져
백태 같은 녹이라도 깎으려 했지만
혓바닥 아래에 숨었는지 보이지 않았다

단풍잎 뜨겁게

존재의 결핍이 너를 붉게 물들였다.
앙상한 손, 두툼한 손, 뭉툭한 손, 물갈퀴 손
모두 애타게 흔들어 바람을 불러들이고
해를 향하든 달을 향하든 꿈에도
연달아 부메랑을 날려 보냈다.
새빨갛게 젖은 손은 허공을 휘젓고
하늘을 긁어 고랑이라도 파는지,
낙상홍 열매 같은 씨앗을 뿌려
석양을 온통 벌겋게 물들이누나.
오늘의 몰락을 장려하게 축복하는지
존재의 갈증이 너를 활활 타오르게 하여
세상도 맵고 붉게 익어갔다.

흩어진 너의 몸들로*

그렇게 토할 때까지 술을 마셨던가
이백이 한잔 또 한잔 권하지 않아도
허기져서 배를 채운 것만은 아니겠지
네 안의 오래된 좀비를 토해내기 위하여
생의 빈 잔을 채우려 들이부은 거라면

기억을 잃고 어디를 헤맸던가
집으로 돌아가는 길을 훤히 꿰고 있지만
술은 알고 있지, 네 마음 한구석 꿍꿍이가
집과는 반대 방향으로 가는 버스를 타려는 걸
그래도 기계적인 발길은 결국 집을 향하여

현관문의 비밀번호를 잊었던가
어려서 보던 하늘의 별들이 너를 내치고
언제 번호를 바꿨는지 모르는데
발목을 조이는 그림자가 비밀리에 소곤대
문은 너의 지문을 기억하고 손잡을 거라고

집 안은 주름진 거울이 온통 벽을 점령해

너는 너 자신을 표절한 너와 부딪히며
넘어지고 뿔뿔이 흩어져 달아나려 하지만
어디서든 들킨다, 풍선 터지는 소리
누구냐 넌, 바람처럼 몸에서 새나간 것은

* 필립 파머, 『가라, 흩어진 너의 몸들로』

환절기

이제는 발 벗고 나서라
무릎과 정강이만으로 흘러가라

사족을 달지 않아도
지나온 봄은
상처투성이의 길이었다

뭇 발이 물어뜯고 간 흔적이
메뚜기 떼 초원을 가로지르듯
대마를 공격하라 섣불리

넙죽 엎드려도 꿈이 새고
안개 속에서 길길이 날뛰는 길
눈썹 아래 꿈틀거리는 길
콧속에 파란 피톨 흐르는 길

너 자신을 맡아 보라
청진기로 속을 살피고
주사기로 풀즙 흘려 넣고

홍해를 메스로 가르면
연둣빛 혈관 툭툭 불거져

길을 깎아 붕대를 감아도
발 벗은 자들의 길은
여름이 길게 익어간다

해변극장 2

입 다문 조개는 모래 위를 돌며
만다라 무늬를 수놓거나
누각을 쌓고 놀다가
물살에 몸을 씻고

인어가 사라진 조용한 밤에는
모여서 노래를 부른다
관자 떨리는 소리가 사방에 퍼지며
조개들의 합창을 들었는지
근처 솔숲에서 소쩍새가 호응하고

조갯살에 소름이 돋으며 솜털이 돋아
어떤 조개는 아무도 보지 않을 때
몸을 솟구쳐 공중을 높이 날아올라
천공의 별자리가 되었다고 한다

2부

거울 세상으로

너는 아침마다 거울을 본다
거울에 비친 모습이 진짜라고 생각한다
오늘의 네가 이전과 얼마나 달라졌는지
얼굴 이리저리 꼼꼼히 살펴보며
주름이 늘었다고 한탄하지만
그 얼굴은 어제 만들어진 것
이미 가면에 불과한 걸 무엇 하리
오늘의 얼굴은 내일에나 볼 수 있으니

세상에 평평한 거울은 없다
소리 없이 남몰래 출렁거리며
얼굴에 날씨의 무늬를 새기는 거울
민둥산 머리에 억새밭을 복사하고
시든 풀을 눕히며 눈발 퍼부었던가
얼굴은 풍경이 되어 표정을 감추어라
그래도 이 거울에 담긴 왜상을
너는 병적으로 믿고 있다

일인극의 유일한 관객으로 너는

거울 속 무대를 보며 실체를 벗는다
이제 너의 주인공은 마음이 아니니
루어를 문 배우의 연기를 낚아채서
꿈속으로 찌를 끌고 들어간다
수면에 번지는 파문을 읽는 갈대의
눈빛이 점점 수심에 차 흐려지며
달아나는 너의 등에 소실점을 찍는다

우리는 나에게

우리는 모두 어제라는 역에서 길을 잃었다
우리의 지도에 오늘이라는 역은 없다
우리는 모두 대합실이 되었지만
영혼은 역에서 우리를 쫓아냈다
우리는 황야의 대합실로 나를 불렀다

어제의 내가 대합실 장의자에 앉아
그보다 하루 전의 나를 부른다
그는 또 그 전날의 나를 소환하고
이렇게 지난날들이 모여 우리를 채운다
나와 나는 우리에 갇혀 나오지 못하고

나는 나에게 인생 이야기를 하려 하지만
입에서 나오는 말은 짐승의 외침 소리뿐
우리 속에서 우리가 된 나는
또 다른 수많은 나의 이력을 파묻고
스스로 제방을 무너뜨려 범람한다

옷에 관한 명상

언제 우리가 옷 입는 동물로 진화했나
유일하게 스스로 치장하는 개명한 족속으로
날씨와 유행에 따라 알맞게 바꿔 입어
육체가 묻어서 더욱 살갑게 대하다 보면
옷이 몸에 달라붙어 피부로 인정되기도 한다

진보한 옷은 알록달록한 보호색을 띠거나
은밀하게 페로몬을 내뿜어 매력을 더하니
옷들을 수집하고 내세우기 위해 우리는
뼈가 휘도록 일을 하여 집안 여기저기
식구보다 훨씬 많은 화사한 의상들이 단란해
우아한 품격으로 가문을 빛낸단다

몇몇 조상은 죽어서도 옷걸이로 남아서
옷장 속에 머물러 족보를 받들고 버티는데
지하실에 은거하는 몇몇 반골 화가들만
원초적 아름다움을 찬양하며 환을 그린다
진화하기 전 벌거벗은 모습의 인간을

언덕에 올라

내 어린 날 놀던 목동 보리밭 길
형무소가 내려다보이던 언덕에
종달새 일가는 어느 봄날 사라져
누가 하늘 높이 투석하듯 쏘아 올렸는지

허리 굽혀 일하는 회색의 그림자들
주위에서 제복 입은 흑표범이 지켜보고
우리는 그들 모두 돌아간 뒤에야
보리 이삭을 주워 구워 먹거나
언덕 높은 데서 담력을 자랑하려
뛰어내리다가 발을 삐기도 했지

두더지를 닮은 친구는 땅 파고 놀다가
놀란 목소리로 뼈다귀 보인다고 외쳤지
그것은 개 뼈도 닭 뼈도 아니며
사변 때 쓰러져, 서둘러 묻었을 거라고
어른들은 낮은 소리로 수군댔지
그때 형무소 우물 안에 던져졌거나
그림자 한 무리 엮인 채 근처 야산으로 갔다고

언덕 가장 높은 곳 예배당에서는
언제나 때맞춰 종이 울렸지만
밤하늘에 빛나는 십자가는
형무소 망루에서 날아온 탐조등
불빛에 잡혀 부들부들 떨고
웅크린 동네 집들 모두
샅샅이 들켜 치부가 드러났지

언젠가 허공에 허수아비들이
눈감고 혀를 내민 모습으로 떠올랐다고
그들 사이에 상처투성이의 신이
매달려 꼼짝 못 하고 있었다고
연 날리던 아이들이 정색하고 우겼지

비문법적 이력서

나는 이 땅에 명사로 태어나
매년 다른 명사로 명찰을 바꿔 달았지만
스스로 깨닫지 못한 채 살아왔다
삶이 꼬리표 달고 실려 가는 것도
모르고 밑바닥을 서성거리다가
어느 순간 대명사에게 포섭당하고

자폭을 꿈꾸도록 길들여졌다
집단 속에서 익명의 수사로 변해
어둠이 눈을 뜨면 동사가 나를 이끌어
명사에 매달렸던 관형사를 납치해 가두고
숨어 있던 형용사를 폭파하여
현장에 화약 냄새와 끌려간 자국만 남아

사는 건 점점 사라지는 길이라고
동사는 수행하는 부사에게 말하지만
나는 무엇을 느끼고 무슨 생각을 하는지
빗방울 하나에도 지워질 꿈인 삶을
어떻게 충만하게 채울지 몰라

저만치 감탄사 혼자 속으로 웅얼거릴 뿐

목동과 나무꾼

야성의 제국을 아는가
야 목장에서 말을 타고 달리던
애꾸눈 총잡이의 질주는
모략의 향기가 모락모락 피어
이마에 별을 단 오십 마리의 소가
날뛰어 초원은 곤죽이 되고
밤이면 살금살금 다가와
그들을 둘러싸고 원무를 추던
일곱 산의 늑대를 아는가

오늘은 고무줄이 팽팽하지
대륙의 두꺼운 낯짝처럼
세월은 배꼽 아래 뱃가죽에
서늘한 바퀴 자국 쓱 긋고 갔거니
바퀴벌레가 지나간 듯
고철이 된 야성의 엔진
폐차장에 양철 나무꾼이
불그레 녹슨 눈물 훔치며
기름으로 질척한 땅에

휘발된 목동의 노래 새기나

그때 그 수건

그때 우리는 저녁이면 모닥불 피우고
그녀도 함께 둥글게 모여 앉아 마주 보며
목청껏 노을빛 혁명가를 불렀지
그러는 동안 수건을 든 손이 우리 주위를
박쥐처럼 날며 빙빙 돌았던 거야

노래는 후렴이 끝없이 이어지고
정체불명의 조막손이 그녀의 등 뒤에
수건을 떨구고 가도 전혀 눈치를 못 챘어
노래에만 몰두하느라 우리 모두
배후에서 무슨 일이 일어났는지 몰라
오른손이 한 일을 왼손이 모르는데
서로가 마주한 얼굴의 기색만 살필 뿐
손은 시야의 밖에서만 게릴라처럼
바람의 꼬리를 물고 다녔으니

그녀의 뒤에 떨궈진 수건은 시들어
우리 청춘의 땀에 얼룩진 이목구비의 흔적이
탁본처럼 연서처럼 뚜렷하게 남아서

체 게바라의 티셔츠를 떠올리게 했지만
우렁차던 노랫소리도 시나브로 가라앉았지
수건을 묻고 누운 그녀의 그림자는
주름투성이 개구리로 굳어 버렸다네
단비라도 오면 옴치고 뛸 수 있으려나

그 여름의 행방

그 여름 조국 순례의 길을 떠난 나는 새내기 삐리. 아침 일찍 서둘러 밥을 때운 뒤 집을 철거하고 선크림 바르며 연신 하품하는 여우들 재촉하여 땡볕 아래 그림자를 길게 끌며 출발했다.

총칼로 오래 권력을 휘두르던 두령이 부하의 총격에 쓰러지기 몇 달 전인 8월의 첫날이었지. 우리는 보름치의 식량과 침구를 등에 지고 장성에서 출발해 정읍 고부 지나 전주까지 갑오년 농민군이 진격해 간 자취를 찾아 나섰던 거야.

종일 걷고 난 저녁이면 피폐해진 발바닥이 죽죽 갈라져 거북의 등이 되어, 본부에 가서 연고를 받다 바르려고 하니 발끝과 뒤축 여기저기서 무언가 움찔거린다. 거북의 목과 발이 등껍질 속에 숨은 모양이다.

다음날 거북이와 함께 한참 황톳길을 가는데 후미에서 분홍빛 여우 하나 비척거린다. 나는 얼른 그녀의 둥우리 같은 배낭을 넘겨받는데 이리가 하나 다가와 그녀 옆구리에 바짝 붙어 장승처럼 부축한다. 곧이어 백마 같은 구급차가 눈 굴리며 다가오자 그녀는 힘이 솟아 활개를 펴고 발을 내딛는다.

 쉬는 시간에 가뭄 든 농토처럼 금 간 발바닥을 살살 주물러 보아도 거북이는 꼼짝도 하지 않고. 어쩌면 녀석은 내가 밤에 깊이 잠들어 있을 때 고개를 갸웃 내밀고 엉성한 발도 뻗을 것이다. 너나 나나 많이 가물어서 이 모양이냐고.

 동학군은 메마른 땅을 거슬러 치고 올라갔지만, 이 순례의 집결지인 전주성까지였다. 그날은 15일이라 광복 만세도 부르고 그동안 틈틈이 배운 탈춤도 추었지만, 어설픈 말뚝이 연기가 끝난 뒤 흩어져 돌아가는 길

 숯장수 낯짝으로 곰나루 금강을 어찌 갔던가?
 거기에 아픈 고개는 어떻게 넘었던가?
 문득 비가 내렸지만 검게 탄 얼굴은 씻기지 않았다.

수세미꽃

아내의 손끝에서 한 송이
주황색 꽃이 피어난다
코바늘로 수세미를 뜬 것이다
잠시 손으로 어루만지고
볼에도 비벼 온기를 받은 수세미는
식구들이 밥을 먹고 난 뒤
싱크대 설거지통 속에 던져진다

아내는 꽃잎에 세제를 뿌리고
밥 먹은 그릇을 씻는다
거품을 뿜어내며 몸부림치는 꽃
먹어보지 못한 밥풀을 떼어내 버리고
국그릇의 벌건 기름기를 훑어내며
산뜻한 꽃잎 색은 어느새
불그죽죽 얼룩이 지고 찌들어
점차 아내의 거친 손을 닮아갈 것이다

손거스러미처럼 실밥이 일어나고
꽃잎도 칙칙하게 시들어가고

먹고 닦는 그릇 수가 늘어가는 만큼
손이 갈라지듯 솔기가 터져나가지만
식구들의 입은 나날이 커져만 가고

봉지 날다

먹다 남긴 음식물로 채워졌던 비닐봉지가
토악질하며 속을 비워내더니
몸이 풀렸다고 바람 따라 사뿐히 날아가네요
아까시나무 가지에 걸렸다가 구멍이 나고
지나치던 매 발톱에 찢긴 날개 파닥이고

바람이 그치면 잠시
낙엽 더미 속에 뛰어들어
숨을 고르며 무념무상 쉬다가
잎새 따라 정처 없이 굴러가지요

누가 속을 썩이지도 않고
저 자신도 썩지 않는 질긴 근육질이라
악을 써서 버텨내 불멸로 남을 거라고
자신하며 끊임없이 주문을 외지요

실비에 젖으면 땅바닥에 등 붙이고 누워
지나가는 것들에게 요란하게 짓밟혀
온갖 발자국으로 낙인찍히지만

다시 날이 개고 땅이 마르면
먼지 한 줌이라도 배 채우고 비상해요

계단의 추억

기억나나, 변두리 옹색한 판자촌
전쟁 피난민들의 억센 사투리와
공중변소에서 물큰 풍기던 고약한 기운
산비탈을 깎아 오밀조밀 들어앉힌
오두막 널문이 골바람에 엉덩이 들썩였지
너의 귀갓길은 가파른 계단을 한참 올라
등정의 성취감으로 문설주에 깃발 꽂지만
문지방을 넘자마자 발 뻗고 널브러졌지
구들장에 붙인 몸이 얼룩으로 남도록

생각나나, 꿈에 계단을 휘청휘청 걷다가
무릎 굽히면 층계참은 곧장 의자가 되어
털썩 주저앉아 석양을 향해 눈살 찌푸리다가
너는 품 안에서 술병을 꺼내 홀짝거렸지
어스름이 깔리면 의자는 다시 침대로 변해
느긋하게 누워서 별을 불러 검문하려니
녀석들 도심의 불빛에 밀려 부르르 떨다가
아스라이 먼 곳으로 사라져 버리더군

늙은 복서

전에는 시합할 때 마우스피스를 꼈지
펀치 맞을 때 치아끼리 부딪혀 깨지지 않게
밤에는 이를 갈지 못하게 또 끼고 잤어
억울한 일 있어도 혀 깨물지는 말라 하고

이제 이도 없어 잘 씹지 못해
틀니에 의지하여 먹고 사는데
오늘 아침 그것이 사라지고 없다
간밤에 어느 별에다 두고 왔는지
아무리 생각해도 알 수가 없다
배는 고픈데 밥 먹기 힘들어
죽지 않으려면 죽이라도
끓여야겠디며 뒤통수를 치며

집 나간 틀니는 지금 어디선가
떠들며 세상을 실컷 씹겠지
고무줄같이 질긴 인연 떠올리며
두고두고 매달리는 미련을 뜯듯이

깍두기를 위하여

추억의 소반, 맨발의 모자이크 조각 한편에는
보시기에 벌건 깍두기가 촉촉이 젖어 눈뜨고 있다.

이웃집 배추가 거위처럼 풍만한 몸피 뽐내는 건
허다한 손들이 떠받들어 매무새를 가다듬어 주고
진작 출세해 각광 받으며 무대를 주름잡았던 데다가
간간한 백설의 세례와 해물을 삭힌 감칠맛도 받아
옥색 치마 새색시로 매초롬하게 거듭난 까닭이네.

기죽은 무는 두더지처럼 땅속으로 깊이 파고들었고
푸르른 잎과 줄기가 한들한들 빈약하고
꽃은 아예 존재감 무無라고 지청구 들었네.
하체라도 단단하게 단련하며 뻗대고 버텼지만
뿌리뽑힌 삶에서 첫 신고가 망나니의 난타였으니.
무식하게 싹둑싹둑 잘려 모나게 태어났다고
곧장 알싸한 진창에 던져져 정신없이 굴렀네.

추운 겨울밤 주막에 모인 머리 짧은 총각들이
허기진 입에 막걸리 한 대접 벌컥벌컥 들이킬 때

깍두기도 한몫하거니와, 닮은꼴로 각 잡힌 두부와
욕도 죄도 버무려 삭히듯이 살아온 애증을 씹으며….

거품 시장

우리가 언제 만났는지 서로 모른다
어차피 분명한 시간은 없으니까
약속대로 만나서 설레는 표정을 지으며
연기하며 가짜 시간을 보내는 것이다

몇 번씩 식상한 고백도 하였지만
오늘 일은 잠이 드는 순간
자동으로 철회되고 없어져
내일은 새롭게 시작할 것이다

잠들기 전에 나는 기사를 쓰고
감수성 풍부한 너는 일기를 적지만
모든 장르는 소설로 수렴되고 말아
그것도 하나의 리허설 같아 보이는
예고된 복선과 허탈한 클라이맥스

습관적으로 아침에 일어나
막장 일터에 나가 일을 끝내면
어중간한 시각에 우리는 또 만나서

서로를 점검하고 통과할 것이다

절차는 레시피에 나온 대로 진행되니
에피타이저부터 부푼 허기를 진압하다가
마지막에 시장은 디저트로 우리에게
망각의 과일을 들게 하지

시간은 아직 혼미하여 가수假睡 상태이니
우리가 언제 갈라질지 모른다
마른 잎이 떨어져 거름이 되듯이

개 같은 인생

디오게네스는 통 속에서 살았단다
간도 혈관도 부풀어 툭툭 튀는
개 같은 인생을 구가했던가?
알렉산더 왕이 찾아와 소원을 물었을 때
햇빛을 가리지 말고 비켜달라고 했다는데
주신主神이 와서 똑같은 질문을 던졌다면
뭐라고 짖었을까?
자기를 스토킹하지 말라고 했을까?

언젠가는 진짜 사람을 찾는다고
대낮에도 등에 불을 켜고 다녔다지
눈에 불을 켠 사람들에게 침을 뱉으며
음모의 왕궁에서 웅장한 성전까지
하늘을 휘젓는 무리에게 독설 날리다가
추방당할 때도 스스로 판사가 되어
자신을 고발하거나 기소한 자들에게
대도시를 떠날 수 없다고 판결 내렸다는데

그의 세상은 본래 유배지였어도

당당한 세계의 일원이라고 자부하며
자발적으로 짐승의 밥이 되었다가
거름으로 식물의 뿌리에 빨려들겠지
어딜 가든 만찬의 욕망 속으로 흡입되면
누군가의 뇌혈관 속에 똬리를 틀고 노리거나
목젖 긁어 구역질 나게 컹컹 짖을 거야

군자君子 대로행大路行

왕조의 아이는 맹자의 학교에서
공자의 길을 배우며
맹꽁맹꽁 주문을 외웠던가
한번 들면 꼼짝할까 힐끗대지만

과정을 마치고 시험을 통과할 때까지
걸쇠로 채워진 주자의 밀실에서
선하품 베어 물고 고개를 주억거리다가
제사 지내듯 경전으로 향을 피웠지

빗장을 열어 뛰쳐나가자
새로 노자를 얻어 길을 찾든지
장자의 하늘에 연을 띄울까, 궁리하다가

고삐가 잡히고 멍에를 걸쳤지
명예로운 가문의 수레를 끌고 큰길로
가면 뿌린 거 본전은 건질 수 있겠지만
자본의 바퀴는 금리를 축으로 굴러가라

세월은 정신없이 돌다가 가끔
교성을 질러 벌린 입에 금니가 번쩍
앞길처럼 넓은 이마가 갈수록 훤하다
은행잎이 금빛으로 깔린 길거리에
퀴퀴한 냄새도 스멀스멀 기어다니고

유령 택시

밤이면 이 거리에 의문의 택시가 다닌다
낮에는 누구의 눈에도 뵈지 않지만
얼굴 없는 기사가 핸들을 잡고 암행하는데
행인이 길가에서 손을 들고 불러도 멈추지 않아
예약 표시등도 켜지 않은 채 그림자만 기웃대며
누굴 찾는지, 승객을 찾아 나선 게 맞는지
무작정 쌩쌩 달려 어디론가 가고 있다

어디선가 흐느끼는 아이의 목소리가 울려
택시는 급히 방향을 바꾸어 그쪽으로 향한다
거기는 벼랑 끝으로 이어져 있다 급하게
브레이크 밟는 소리, 타이어 타는 냄새
잠시 후 택시는 태연하게 휘파람 불며
도심 한복판 대로를 질주하고 있다

문득 젊은 여자의 찢어지는 비명이 날아와
택시는 후미진 뒷골목으로 뛰어든다
차체보다 폭이 좁은 길을 뚫고 나가
쓰레기통을 뒤지던 고양이를 통과하여

어두운 빌딩 지하 계단으로 들어간다
외치는 소리는 찢어져 나풀나풀 흩어지고
미로를 빙빙 돌며 숨을 헐떡이는 택시

자정이 지난 시각 도시를 떠난 택시는
국도를 지나 한적한 시골 지방도로 들어선다
가로등 아래 날뛰던 딱정벌레 떼가 숨져 있다
종종 오소리 족제비도 길 한복판에 누워서
버둥거리다가 힘없이 고개를 꺾는다, 택시는
청소차로 변해 트렁크를 열어 사체를 거둬 간다

먼동이 틀 무렵 지상은 다시 말끔하고 태연해
택시는 한순간에 땅속으로 스며든다
두더지가 되어 어딜 후비고 다닐지

뻐꾸기 둥지에서

#1
아침 공기가 비릿하다, 거울아
휘파람 소리로 쥐가 지저귀지
눈물 콧물까지도 침보다 달다고
잠이 덜 깬 너는 세수하며
설탕처럼 녹아내린다
없는 표정이 새롭다
무안한 면상이 그럴듯하다

#2
어제는 내일의 뺨을 갈기고
내일은 오늘의 엉덩이를 걷어찬다
오늘은 어디를 향할까 고심한 끝에
어제를 물어뜯기 시작한다
질근질근 늙은 동상들 쓰러지고
박물관 기둥이 뽑혀 나간다

#3
너의 알리바이는 무어냐, 부둣가

꼬막인지 키조갠지 온갖 귓바퀴들이
형사가 되어 탐문 수사를 한다
거리를 배회하던 눈먼 소문들은
하나둘 밀수 용의자로 몰려 연행되고
머릿속이 끓어 뿌연 김을 내뿜는다

#4
오래된 가면을 벗으면
얼굴이 보이지 않는다
등 뒤에 숨겨두었다 내민 손에서
하얀 장갑이 양파의 시늉으로
허물 벗어 **빠**져나가고
발버둥을 치며 사는 동안
신발짝 하나 보라매 위로 날아올라
시치미를 떼고 숨는다

#5
옷을 벗으면 흩어지는 몸뚱이
없는 것만으로 영락없는 귀신 몰골

자취 하나 남지 않은 길에서
매대기를 치며 살아온 게 분명해
오직 머릿속에 무언가 꼬물꼬물
굴러다니다가 소음만 틱 틱 튀어나와
꼬리치며 헛바람을 일으키는 듯

거리의 몸짓

어깨에 무엇을 지고 왔던가
무거운 길은 아무것도 보이지 않아
뻐근하고 결리기만 해
어깨를 놓아버리면 어디까지 걸어갈 수 있을까
허리힘만 가지고 다시 제대로 직립 보행할 수 있다면
저 건너편 뒷골목에는 억센 어깨들이 거들먹거리며
서로 부딪치다 불꽃이 튀기도 하건만

야시장 골목에는 엉덩이들이 탄성을 자랑하듯
주변 공기를 리드미컬하게 진동하며 휘젓는다
어쩌다가 보니 봉긋한 가슴들도 숨 가쁜 듯
새 소리를 내며 나대고 유취乳臭가 코를 묻누나
별안간 원숭이의 꼬리로 변신해 눈 번득이고
재주를 넘으며 천의 얼굴을 밝혀줄지 몰라

병사는 죽지 않는다

병사는 한 번도 아픈 적이 없다
전염병 백신보다 훨씬 강한 고통 백신이
통증을 삼키고 신경을 마비시켜
총을 맞아도 **뼈대가 부러지지 않으면**
부단히 달리고 쏘고 폭탄을 던진다

천둥이 치고 폭우가 내려도
병사는 멈추지 않는다
상처투성이의 몸은 죽지 않고
다만 망가지면 분해될 뿐이다

며칠을 밤새워 전투를 벌여도
제국의 병사는 잠도 들지 않아
어둠 속에서 빛나는 괭이의 눈으로
한없이 치달으며 앞에 걸리는 것들을
하나하나 해치워 나가다가
지뢰라도 밟으면 폭파되어
단번에 산산조각이 나거니

땅은 회로가 부서진 전자칩을 묻고
총검도 군번줄도 기리지 않는다
다만 다른 병사가 뒤를 이어
전우의 파편을 넘고 넘어
세계의 끝까지 도달하려 한다

투혼만으로 병사는 자신을 믿고
지구가 뒤집혀도 해는 다시 뜬다는
낙관만으로 자신을 장전해서
반원을 그리며 날아가 퍼붓는 포화가 되어

3부

버스가 다니던 옛길

간발의 차이로 버스는 나의 손을 놓치고
사십 년 전 도로변 배추밭은 푸르렀다
배추벌레는 눈썹 꿈틀거리며 허기를 다스리고
세월이 끌고 간 버스는 변태를 남겼다

내 옆을 스쳐서 뒤로 사라진 벌레의 버스는
여전히 정류장을 제멋대로 지나쳐 가
아무 데서나 멈추어 볼일을 보다가
흠칫 몸을 털며 흔적을 지워 버린다고

햇빛을 받으며 반짝거리는 봄날을 휘젓던
흰나비는 날개 해어지도록 꽃을 찾았고
장다리와 유채의 꿈속으로 스며들었다
간발의 차이로 봄은 나의 눈을 벗어났지만
나는 가지 않은 길을 돌아보지 않았다

가시

가시나무는 가시가 없다
양옆에 좀가시나무, 붉가시나무
일가를 끼고 위세 떨치지만
가시는 찔레나무, 음나무에 달라붙어
빽빽이 날카롭게 곤두선다
조각자나무는 몸 곳곳 가시가 가시를 낳고

장미 향기에 취한 시인의 심장이 찔려도
아까시나무 가시를 피하며 나는
꽃잎 따먹다 꿀벌에게 눈총받고 이제
개와 같이 마당을 지키는 탱자나무 찾아
탱자나 주물러 탱탱하게 키워볼까 하네

손톱 밑으로 가시가 파고들면 어떠리
누군가는 손톱이 이미 가시로 변해버렸으니
내 심장을 할퀴고 간 가시 돋친 것들도
어딘가 잠복해서 꽃을 피우고
향기를 살포하여 주위를 취하게 만든다네

신의 농업

신께서는 언제 귀농하셨는지.
일자리를 찾아 도시로 가시더니
공장에서 엔진 부속품을 만들었던가.
언젠가 동료들과 파업 농성하다 해고당하고
길거리에서 포장마차 장사하다 압수당하고
변두리 학교에서 아이들을 가르치기도 했지.

어느 해 봄 아이들이 탄 배가 난파하고
물에 잠겨 모두 바닷속으로 사라진 뒤 신은
외딴 산기슭으로 들어와 밭을 일궜지.
동업하는 농부가 개간하고 씨를 뿌리면
신은 빗줄기를 불러 대지를 흠뻑 적시고
새싹이 트면 햇빛을 비추며 산들바람도
초대해서 줄기를 쓰다듬어 가지 뻗게 해.

식물마다 꽃이 필 시간을 예약하고
열매 맺힐 자리를 점지하는 신은
오늘도 꽃받침마다 색을 고르게 해서
물감을 가져다 꽃잎 물들이느라 바쁘단다.

보이지 않는 머슴의 손이 스쳐 가는 듯.

일개미 1

어쩌면 좁쌀만 한 일개미는
가장 큰 하늘을 가슴 속에 품은 듯
인간의 발등 위로 아스라하게
펼쳐진 하늘은 물론
발가락 사이로 스며들어
간질이는 골바람까지도
공중을 주름잡는 손길로 여겨

동료들과 어울려 다니며 일개미는
새로운 목표를 찾아 나서고
수확을 거두어 아지트로 돌아오면
자신의 성과를 내보이고 안심하지만
굴속은 수많은 구역으로 나뉘었고
뿔뿔이 흩어지면 각자도생한다네

구석에서 홀로 잠든 일개미는
꿈속에서 개미핥기가 들이닥치고
굴이 무너져 피신하게 되었지
쉘터를 찾아 떠나 길을 떠돌며

나뭇잎 배를 타고 내를 건너거나
가파른 고개를 넘어가다가

문득 허리 펴고 고개 들어
날아가는 것들을 보며
자신도 날개가 돋아 활개 펴고
하늘을 쏘는 듯 날아올랐으면
좋겠다고 주문을 외는데
쿵쿵하는 발소리에 잠이 깼다네

4월은 너에게

공룡 발자국을 딛고 선 아파트를 둘러싸
울타리를 이루고 경비하는 개나리와 목련의
그림자 사이 얼씬거리는 호랑나비 흰나비
도로변에는 버즘나무 제 피부를 긁는 중
잰걸음은 계족산 오솔길을 더듬는다
길섶 여기저기서 툭툭 나서는 진달래
산지기인 양 자리를 차지하고 살피는데
좁아지는 길만큼 키 작아지는 나의 앨리스
무더기로 피어나도 존재감 별로 없는
쇠별꽃 무리가 앙증맞아 눈에 담는다
하늘의 별들도 낮에는 저렇게
스스로 압축해서 땅에 내려 숨어 있는지
쇠라의 그림같이 점점이 시야를 채워
한 걸음 또 내디디면 누군가 밟힌다
딱지꽃이냐 깽깽이풀이냐 녀석들
코딱지만 하다고 코 풀면 그만이냐고
깽깽거리며 봄바람 마음껏 마셔
볼을 키워 볼멘소리라도 하려는지
하소연하지 않아도 너희들은

우등상 못 받아도 개근은 꼭 하는
아이처럼 허물없이 웃고 재잘거려
녹음 우거지면 눈에 띄지 않을
박새와 딱새 소리에 귀 쫑긋하다가
힘껏 치올라 으슥한 비탈을 빠져나온다
시원하게 거인들이 뚫어놓은 임도에 들면
전봇대 같은 왕벚나무 환하게 밝혀
산들바람 불 때마다 분분한 꽃잎들
포화를 퍼붓듯 떨어져 휘날려
향기를 탐지하려 목을 길게 뽑는다
하늘을 우러르다가 어느새 다시
후미진 뒷골목의 작은 풀꽃들을 떠올려
실핏줄 같은 소로를 찾아 무릎까지 고개 숙여
눈 비비고 바닥의 향기를 탐한다
봄이 가면 다시 목을 젖히겠지만

우리 집에 왜 왔니?

콩밭 옆에 새로 세운 신접 비닐 별장
한쪽에 풀치마 두르듯 차광막을 치고
물줄기 끌어와 타조의 목 같은 수도 놓았네
목마른 개수대 혀를 축이고
원탁 왕과 의자 기사단 불러 모아 아지트 꾸몄지

감로 같은 막걸리 한 모금으로 숨돌리고
밭의 고추와 녹두 장군들 회진하듯 둘러보았네
국수라도 삶으려 다시 입실하니
어느새 개수대에 올라앉은 에메랄드빛
손톱만 한 것이 빤히 날 쳐다보네

정중히 옹위하여 밖으로 모시고
감자밭에 시찰 갔다가 돌아와 보니
수돗가에 객꾼은 마패도 없이 또 출두했네
이분이 아까 그분인지 모르겠지만
청와 동자 원래 말 안 듣는다던가

주거침입 경고와 함께 다시 돌려보내고

머리 위가 시끄러워 고개 들어보니
비닐 천장을 온몸으로 부딪는 호랑나비와
허공을 이리저리 휘저으며 치고 다니는 밀잠자리
먼지떨이로 살살 몰아서 겨우 내보냈네

새집에 불청객들이 왜 이리 많은지…
생각해 보니 저들이 누구인가?
대대손손 여기서 생계를 꾸려왔고
이 들판을 누비고 주름잡던 원주민 아닐까?

자신들의 터전을 잃었다고 하소연하는지
시위하거나 농성하는 중인지도 몰라
마음 바꿔
그냥 내버려두자고 생각하는 순간

탁자 위를 빙빙 돌다가

순식간에 술잔으로 뛰어드는 날벌레 소리

하우요 夏雨謠

굵은 빗발에 여러 날 뒤척이던 집을 나와
물길을 가로질러 밭으로 왕진 나간다
가장 큰 결실로 예상하는 수박 몇 통은
꿀밤 먹고 고고성 청아하게 질러야 해
거동 못 하는 환자 욕창 예방하듯
그동안 여러 차례 누운 자세 바꿔주고
햇볕과 바람을 잘 받도록 보살펴 왔는데
메스 끝만 스쳐도 쩍 벌려 빨간 속살 드러내
달콤한 유즙 솟아나길 기대하고 면접하는데
보이는 것 모두 썩어서 물큰하다
껍질의 푸른 줄무늬는 갈색으로 변하고
끈끈한 진물이 손을 묶듯 엉겨붙어
얼룩말이 발길질하는 심정으로 내쳐버리고
황색 돌풍 참외의 거리로 발을 옮긴다
하지만 이것도 제대로 자라지 못하여
꼭지가 말라비틀어진 미라같이 가관이다
썩지는 않았지만 하나 따서 입에 무니
어쩌랴, 무가당 오이 맛이다, 파이다

뒤돌아서 비둘기처럼 구구하며
구구절절 사연 많은 콩밭으로 가자네
어릴 적에 콩밭, 보리밭 많은 동네 살아
큰집에서 콩밥 먹고 수행하며 산다는
머리 짧은 회청색 도인들 자주 봤지만
여기 미끈하게 잘 익은 강낭콩 꼬투리들
갈변하여 물에 젖은 창호지처럼 흐물흐물
손대면 미꾸라지처럼 빠져 달아나는 건
청순한 새색시같이 아리땁고 뽀야며
연지 곤지 곱게 찍은 강낭콩이 아니라
돼지 꼬리 같은 후렴이 튀어나온 콩나물이다
갓 태어난 듯 끈끈해도 콩같이 씹으면 된다고
콩밥이나 콩나물밥이나 상관없다고 챙기며
콩나물시루 버스 타고 통학하던 소싯적 생각났지
이거 혹시 땅에 심으면 줄기 뻗지 않을까?
콩 심은 데 콩 난다고 잭크가 그랬거든

유배지에서 보낸 메일

숲에는 소나무 느티나무 신갈나무 졸참나무 각기 제멋대로 팔을 뻗고 키재기하며, 바람 불면 서로 툭툭 건드려 보거나 기대거나 장난을 걸다가, 잎새를 날리거나 열매를 던져 맞히기도 하며 한세월을 아웅다웅 지냈다. 어느 날 무쇠 이빨들이 나무들을 모두 자르고 뽑아내고 등성이 흙을 파헤쳐 납작하게 뻗어 눕힐 때까지.

무성한 풀밭을 헤치고 대담하게 노출한 듯 탱탱하게 곤두선 버섯들이 뻘건 대가리를 흔들 때, 나무 속에 세 들어 살던 새와 벌레들은 파닥이다가 몸뚱이 팽개쳐진 채 흙먼지 뒤집어쓰고, 꿈틀거리던 산은 깎이어 평지가 되고 도로를 내 포장하거나 네모난 집들이 들어섰다. 자작나무보다 하얀 집들이 하나둘씩 이식되어 뿌리를 뻗어 내리기 시작했다.

도로를 쌩쌩 지나는 차들의 소음과 매연을 먹으며 집들은 사철 콜록거리다가 코를 훌쩍이기도 했다. 어둠에 기댄 집이 몸을 뒤척이면 때로 솔방울과 도토리가 뜬금없이 날아와 지붕을 맞히고 튀었다가 바닥을 구르다가, 훌쩍

대청마루에 뛰어 올라와 지난날 바람결에 회자되던 숲의 전설과 고라니 다람쥐 가족들의 안부를 묻곤 하였지만… 이제 집들은 외딴곳에 유배되어 가시울타리 두른 듯 소침하다.

최후의 유혹

고라니가 밭 울타리를 넘어와 고구마 순을 뜯어먹고 간 모양이다.

휴전선 철조망 살피듯 울타리를 점검한다.

산비탈 쪽 경사진 곳의 빈틈을 막고 다음 날 와보니 또 침탈한 흔적이 있다.

자코메티의 조각처럼 앙상한 고구마 줄기들 어쩔 수 없이 한랭사를 갖다 덮었다. 사래 긴 고구마밭 전부는 어려우나 피해가 덜한 일부만이라도 구제하자고.

며칠 뒤 밭에 가는 길에 이웃 밭을 보니 둘러친 해태망에 무언가 걸려 있다.

막대기인 줄 알았더니 고라니 다리란다. 밭에 들어가려다 그물에 걸려서 나오지 못하고 다른 짐승의 밥이 된 거라고, 이웃이 말한다.

들어갈 수 없다면 뒷걸음질로 **빠**져나오면 될 것을, 무조건 머리를 들이밀기만 하다가 스스로 옭아맸다고.

우리 밭에 와보니 침입 흔적 거의 없고 고구마를 건드린 것 같지 않아 잘된 일인가?

생각해 보지만, 바람결에 살 썩는 냄새가 풍겨 온다.
멀리서 어렴풋이 환각처럼 그물에 걸린 다리.

며칠 뒤 또 다른 고라니가 그 그물에 걸려 바둥거리다가, 다리 바통만 남긴 채 사라지고 만 것을.

악어 생각

수마가 할퀴고 간 산비탈 밭은
발 디딜 때마다
무릎 주변까지 푹푹 빠진다
늪지대가 나타나면 악어 떼가 나올라
언제 나일강 악어를 들여온 적 있나?
저번에 감자를 수확한 자리를 지나서
옥수수밭으로 향하는데 획 스치는 서늘함
뱀이다. 허리띠 같은 것이 저편
수로를 지나 산 쪽으로 가고 있다
분명 호박잎 밑에서 웅크리던 놈이다
호박은 다음에 진단하기로 해

옥수수 이삭 여물었나 보려고 손 뻗는데
문득 손등이 따갑다 벌이 날고 있다
악어라면 팔뚝이 날아갔을 터
발목은 계속 진흙의 마수에 걸려
납치되고 탈출하고 또 붙들린다
악어는 핸드백을 멘 카이로 색시를 따라갔겠지
내 아내의 손가방은 천으로 만든 거지만

녀석의 우아한 가죽으로 만든 가방이
입을 벌리면 사슴이나 양이 튀어나올지도
악어의 눈물 같은 땀이 등줄기에 흐르고
종아리에 매달린 찰흙은 토우가 되거나
테라코타가 될 때까지 달라붙어 있으리니
무릎 꿇지 않으려면 늪을 벗어나야 하리

산마루 옆을 지나쳐 간 비행운은
악어의 모양으로 꼬리를 뻗었으니

박물관의 탄생

봄이 지난 외딴 시골 마을에
여기저기 우리 같은 빈집들
마당은 온통 길차게 자란
풀들이 빽빽하게 들어서고
그와 더불어 새 주민 입주하네
사람 없는 집은 푸른 피가 도는
푸새와 벌레와 바람이 차지하여

흙벽은 반 이상 허물어졌지만
창고에는 삽과 낫과 쟁기와 괭이
녹슬고 부러진 것들이 붉은 진물 흘려
어쩌면 패전국 상이용사 같아
부엌에는 밥상과 솥과 그릇들이
다리가 부질러지거나 이가 나가서
깁스하거나 임플란트라도 해야 할 판
그나마 문간 돌절구가 꿋꿋하지만
피부에 소름 돋고 검푸른 얼룩이 번져

하지만 낡은 살림들은 주인이 없어도

지나온 사연을 기막히게 기억하고 있어
밤이면 모두 학예사가 되어 달빛에 몸 씻고
말끔하게 단장하여 전시대에 오르지
빈집은 이제 박물관으로 새로 태어나
분양받아 자리 잡고 사는 주민들에게
향토사를 들려주어 내력을 전하게 한다

녹두밭 수색기

녹두 심은 지 얼마 되지 않았는데
줄기마다 사방으로 촉수를 뻗으며
가지들이 뒤엉켜 정글을 이루었네
샛노란 꽃잎이 앙증맞게 피어나니
작은 나비가 되어 분분히 날아갈 듯
여기저기 매달린 가느다란 꼬투리들
푸르던 색이 점점 진해지더니
어느덧 검게 변해 말라 가네

파발을 띄워 바구니 챙기러 간 사이
꼬투리 몇 개는 터져서 녹두알도
탄피처럼 날아가 산산이 흩어졌네
빽빽한 밀림 속에서 이 깨알 같은 무리를
어찌 아지트로 불러 모을 수 있으리오
땅강아지 따라 흙 속 어딘가 스며들었으리
아직 가지에 매달린 익은 놈들이나 따려니
잎 들출 때마다 새 꼬투리가 발견되네

보이는 대로 문초하고 계속 잎을 젖혀 끌어내

검문하는 동안 여기저기서 사발통문 돌리는지
그동안 시선을 피해 숨어 있던 수많은 미생
녹두알들 꼬투리 터뜨리며 봉기하듯 튀어 나가네
한여름 뙤약볕 아래 무릎걸음으로 수색하며
아무리 눈독 들여 샅샅이 잎을 헤쳐 훑어도
꼬투리 잡기가 어려운 게릴라 군단
미꾸라지 녀석들과 실랑이하기 어렵구나

녹두 꼬투리가 화승총 화약 터지듯 하니
녹두꽃은 귀를 쫑긋하다가 바닥에 뛰어내리고
땀이 줄줄 흘러들며 망막을 덮쳐 눈물로 변하네
작은 것들이 흩어지면 찾기도 어렵지만
제멋대로 후딱 익어 뛰쳐나가는 녹두알이
어디선가 싹을 틔우고 규합해서 세력을 키울지
녹두꽃은 떨어져도 또 피어날 테니

일개미 2

그들이 무릎으로 지나간 거리
무슨 얼룩이 그리 많은지
식은땀이 흘러내리고
뜨거운 피가 떨어지고
얼어붙은 눈물도 떨구고
거품 끓는 오줌마저 지리고
한때는 금빛 촘촘한 햇살이 훑고 갔지만
한때는 농염한 바람이 보듬고 갔지만
그들의 흔적은 지워지지 않아

바삐 돌아다니며 매암을 도는 그들은
급히 지나치다 종종 서로를 멈춰 세우고
속에 든 것을 울컥 토해내는 것이다
불그레하게 물러터진 마음들을
푸르스름하게 멍이 든 기억들을
거무스레하게 응어리진 고민들을
쏟아내는데 서로가 상대의 입에서
꾸역꾸역 나온 것들을 그들은
넙죽넙죽 받아 삼키는 것이다

소화가 될까 탈은 안 날까
생각 안 해, 쑤신 무릎도 잊고
익숙하게 발목을 휘휘 내두르며
또 하나의 무늬를 길의 등에 새긴다

가을 유감

여치는 오늘도 풀잎 주막에 앉아
이슬을 마시며 점점 취기가 오르고
어느새 몸이 초록으로 물드는 줄도 몰라
흥에 겨워 흥얼흥얼 콧노래를 부른다

하늘은 해 뜨기 전에 밀주를 제조해서
풀잎마다 계속 누룩을 띄우고
가을은 고독의 도수를 높여
여치의 노래가 푸르러질수록
풀잎들 샛노랗게 물들어 버린다

풀뿌리 주변에는 개미들 떼 지어
묵묵히 짐을 지고 진군하는데
행렬에서 벗어난 어떤 개미는
고개를 갸웃하고 배회하면서
하늘로 가는 먼 길을 생각하는지

화살나무 단풍

화살나무 어깨에 건 시위에
그녀의 손가락이 걸쳤다
뜨겁게 마찰하며 켕기는 순간
충혈된 그녀의 눈빛이 먼저 꽂았다

푸른 이파리가 색깔론을 들먹이며
볏을 뽑아 입에 문 닭의 피를 적시고
박치기하다 머리 깨진 수박의 눈물을 찍어

화살나무 이파리마다 날인된 그녀의 지문
등 굽은 꼽추의 마음으로 당기는 긴장 속에
팽팽한 가지에서 빨간 눈시울이
눈을 물고 사방으로 튀어나간다

허공을 휘저으며 대자보처럼 수군거리다가
땅에 떨어져도 흙을 핥으며 윙윙대는 눈동자들
피 묻은 바람을 굴리며 몰려간다

버닝 하우스

숲속에 집이 있었다
도시가 커지며 숲은 점점 옴츠리고
불도저 군단이 밀고 들어와
뭉개진 산기슭에 봉우리보다 높은
마천루가 하늘을 겨눠 솟구쳤다

식구가 떠난 후 숲속의 집은
언제부턴가 불타고 있다
사내는 사냥을 나갔고 그의 아내는
그때부터 집에 없었다
사내는 산에서 빙빙 돌았고
아내의 안에는 다른 세상이 들어섰다

화재는 쉽게 꺼지지 않고
산등성이로 쫓겨온 반달곰들이
곧추서서 귀를 쫑긋하고 멀리서
구름 다가오는 소리를 찾는다
파란 하늘에 구멍이 나면
해는 더욱 붉어지리라

사냥꾼은 줄무늬 새끼 멧돝들이
몰려다니는 걸 엿보며 어미를 노린다
그의 아내는 겨울 왕국에 가서
스스로 얼음 궁전이 되어
세계의 바다로 유빙流氷을 흘려보낸다
불타는 집에도 그것이 찾아들는지

허기의 야경

그곳에는 조왕신을 섬기는 백성이 산다
우리는 어쩌다 성소聖所를 잃었을까?

달콤하고 시큼하고 짭조름한 냄새를 잊지 못해
낮에 기웃거리다가 쫓겨나면 들과 숲을 헤매다가
으슥한 밤이면 몰래 꼬리를 감고 스며들지

가장 듬직한 고지기는 냉장고, 때때로
낮으면서도 위압적인 목소리로 주위를 제압해
싸늘한 가슴에서 온갖 고기 푸성귀가 풀기 빳빳하다

남극산 빙벽 아래 펭귄들이 종종걸음으로 나와
기우뚱 갸우뚱 돌아다니며 주변을 탐색하다 보면
감자와 달걀이 밤에 몰래 엉겨붙다가 들키고
개수대 주변을 돌다 보니 접시와 사발들이 사열한다

식칼이 생선 비늘로 분장한 날을 세우고
도마를 한 번쯤 장대비 퍼붓듯 두드리며 지나가면
김치와 마늘과 대파의 추억이 범벅으로 떠오른다

화산 같은 열정의 가스레인지는 냉장고의 라이벌
불의 혀를 감추고 냄비와 프라이팬에게 초소를 맡겨
조왕신은 밥솥 위에서 주걱으로 핑퐁 하다가
날렵한 동작으로 악단을 지휘하듯 휘젓는다

속이 끓는 솥뚜껑이 짝 찾아 심벌즈 소리 내면
밥 한 술, 국수 한 가락만으로 제단을 채워도
숟가락, 젓가락은 줄 맞춰 서서 감사 기도한다

중력의 오리

창백한 오리 몇 마리가 한가하게
발이 묶여 있네
물은 묵상에 빠진 듯 잔잔하여
수면에 비친 깃털도 말끔하네

어느 봄날 토요일 오후
매초롬한 젊은 남녀 손 잡고 왔네
오리의 옆구리를 후비고 들어앉아
두 발로 오리 가슴을 철렁 굴러
호수를 가로질러 나아갔네
그들의 가슴도 두근거렸네
지퍼 열리듯 갈라지는 물결의
리듬을 따라 버들잎 날리고

몇 년 후 그들이 돌아왔네
아이 하나 옆에 끼고
아이는 쫑알쫑알 봄의 말을 하고
오리의 목을 간질였네
오리는 몸을 움찔하고

잠깐 부르르 떨기도 했네
여자는 아이의 어깨를 안고
남자는 뒤에서 버들피리 불었네

몇 년 또 몇 년이 흐르고
남자 혼자 호숫가에 나타나
버들가지 아래 앉아 오리를 보네
식구들은 먼 나라에 있다고
가슴이 텅 빈 오리들이
꺼칠한 모습으로 발이 묶여 있네
먹을 축인 듯한 남자의 얼굴에
지나온 생의 환幻이 붓질하듯 어리며
멸滅에 드는 먹빛 호수를 보네

매미는 떠나가고

한때는 백합나무 우듬지에서도 기세가 등등
땡볕 더위를 향해 폭발적인 샤우팅을 날렸겠지

그루터기 위에서 뒷걸음질하던 매미 하나
가까이 다가오는 개미를 겨우 물리치고
벼랑 끝에서 다시 줄기 타고 뒤로 내려가다가
중간에 멎더니 열반에 들었는지 꼼짝하지 않아

어떤 매미는 비가 오는데도 끈질기게 울더니만
소리 점점 작아지다가 가냘픈 신음으로 변하고
갑자기 내 앞에 도토리처럼 툭 떨어지더군

어쩌면 이 녀석들이 보름 전인가, 이 숲 저편
벚나무 가지에 허물을 남기고 갔는지도 몰라
육신을 벗어두고 또 어디로 떠났는지

바이올린 노릇하던 몸을 벗어나 묵언 수행
마음속에 남천의 **빨간** 사리 품고 동안거할지

불꽃의 아이

우리는 어디에서 왔을까?
검은 눈의 아이는 깊은 지층을 뚫고 나오고
푸른 눈의 아이는 우거진 숲을 헤치고 나왔지만
어느 순간 천지개벽 지진이 일어났지

지상과 지하는 격렬하게 뒤집히고
밝음과 어둠도 녹아서 뒤섞여
어스름이 온 세상을 뒤덮었네

두 눈의 색깔 다른 아이들이 새로 생겨나고
콘크리트색 아롱진 아침과
아스팔트색 저녁이 노래하는 것은
모래 거품의 출렁이는 꿈

*

우리는 어디로 가는가?
사막을 가르며 솟구쳐 올라
선인장 꽃술 뭉클 피어나듯

노랫소리가 메마른 고막을 흔들고
신경 날카로운 선인장의 손이
제 몸의 심지를 뽑아 열불을 당겨라

붉은 볏을 세우고 일렁이는 꽃 무더기
혀를 출렁이며 다가와 홀리니 절로
입속에 뛰어들어 온몸이 활활 타올라
떡심이 풀리도록 막춤을 추었지

불의 나래가 흩어지며 재 뿌릴 때까지

해설

상징계를 넘어 실재계로

오민석

(문학평론가·단국대 명예교수)

보라, 저 이항 대립의 세계가 무너지는 소리를

시는 은유의 언어이지만 은유가 상징계에 머무는 것을 거부한다. 그것은 공중을 날면서도 공중 넘어 날기를 꿈꾸는 새 같다. 은유는 시의 무기이자 시의 감옥이다. 시는 은유 넘어 실재계로 건너뛰는 순간, 은유의 옷마저 찢는다. 저 너머로 가기 위해 '그것'밖에 없으나 종국에는 '그것'마저 버려야 하는 모든 모험 서사야말로 시 창작 스토리의 원형이다. 은유는 그곳에서 태어났으나 다음 세계를 위해 떠나야만 하는 시인-새들의 둥지이다. 시인-새들은 은유의 둥지에서 은유의 밥을 얻어먹으며 무사히 자라는 것만을 목표로 하지 않는다. 그것들은 너무 자라서 마침

내 둥지에서 떨어지거나 그것에서 날아갈 날들을 꿈꾼다. 둥지가 상징계라면 둥지 밖의 세계는 실재계이다. 둥지에서 비대해진 언어가 둥지 밖으로 몸을 던지는 순간, 상징계의 한 모퉁이에 파열이 일어난다. 그 파열의 언어가 바로 시이다. 그러므로 은유에 안주하는 자는 시인이 될 수 없다. 은유는 오로지 실재계의 절벽에 몸을 던지기 위해 존재한다.

  윤형근은 은유와 상징계와 실재계 사이의 이런 관계를 잘 체득하고 있는, 보기 드문 시인 중의 한 명이다. 그는 상징계의 둥지에 안주하며 은유의 '멋진' 시를 쓰려고 애쓰지 않는다. 그의 언어는 무슨 계시록처럼 상징계와 실재계 사이에 걸쳐져 있다. 그는 상징계의 사물을 상징계의 다른 사물로 비유하는 것을 시의 문법이라 생각하지 않는다. 그는 상징계의 사물들을 실재계의 비非언어 같은 느낌의 언어로 건드림으로써 그것들을 상징계와 실재계 사이의 불안한 공간에 붕 뜨게 만든다. 마치 계시록의 언어가 지상의 일들을 천상의 언어로 말하듯이, 윤형근은 상징계의 일들을 실재계 지향의 언어로 말한다. 그래서 그의 시들은 지상의 일을 이야기할 때조차도 지상에서 한 발 떠 있는 듯한 느낌을 준다. 그의 시들은 이런 점에서 이소離巢의 언어이다.

우리는 어디에서 왔을까?
검은 눈의 아이는 깊은 지층을 뚫고 나오고
푸른 눈의 아이는 우거진 숲을 헤치고 나왔지만
어느 순간 천지개벽 지진이 일어났지

지상과 지하는 격렬하게 뒤집히고
밝음과 어둠도 녹아서 뒤섞여
어스름이 온 세상을 뒤덮었네

두 눈의 색깔 다른 아이들이 새로 생겨나고
콘크리트색 아롱진 아침과
아스팔트색 저녁이 노래하는 것은
모래 거품의 출렁이는 꿈

*

우리는 어디로 가는가?
사막을 가르며 솟구쳐 올라
선인장 꽃술 뭉클 피어나듯
노랫소리가 메마른 고막을 흔들고
신경 날카로운 선인장의 손이
제 몸의 심지를 뽑아 열불을 당겨라

붉은 볏을 세우고 일렁이는 꽃 무더기
혀를 출렁이며 다가와 홀리니 절로
입속에 뛰어들어 온몸이 활활 타올라

떡심이 풀리도록 막춤을 추었지

불의 나래가 흩어지며 재 뿌릴 때까지
—「불꽃의 아이」전문

 앞의 세 연은 상징계적 '의미의 구조'를 해체하고 있다. 소쉬르F. de Saussure에 의하면, 언어는 차이의 체계system of difference이며, 의미는 기호 내부의 본질essence이 아니라 기호(기표)들 사이의 차이에 의해 발생한다. 낮의 의미는 낮이 아닌 것과의 관계에서, 삶의 의미는 삶이 아닌 것과의 관계에서, 그리고 남성의 의미는 남성이 아닌 것과의 관계에서 발생한다는 점에서 소쉬르가 말한 차이의 관계는 다른 구조주의자들에 의해 '이항 대립binary opposition의 관계'로 다시 설명된다.

 윤형근은 첫째 연에서 '검은 눈/푸른 눈', 두 번째 연에서 '지상/지하', 세 번째 연에서는 '아침/저녁'의 이항 대립물들이 "천지개벽 지진"에 의해 "뒤집히고" "뒤섞여" "어스름이 온 세상을 뒤덮"는 장면을 보여준다. 그는 왜 이렇게 이항 대립의 견고한 문화적 구조를 때려 부술까. 그것은 그의 무의식에서 비롯되는 것일까, 아니면 지적 의식의 산물인가. 뭐라고 대답하든, 그는 차이의 체계를 뒤집어엎음으로써 차이로 이루어진 상징계-언어의 문법을 불신하거나 무시하는 모습을 보여준다. 별표("*")로 나누어진 앞과 뒤의 세계는 전혀 다르다. 앞의 세계가 이항 대립물로 이루어진 상징계의 질서가 무너지는 장면이라면, 뒤의 세계는 차이들 위에 세워진 공간을 일거에 삼켜버리는 거대한 불길의 계시록적 세계를 보여준다. "불의 나래가 흩어지며 재 뿌릴 때까지" "온몸이 타"오르는 풍경에선 묵시록적 유황 냄새가 자욱하다. 그렇다면 "불꽃의 아이"란 누구인가. 그것은 바로 시인이다. 상징계의 언어로 상징계를 불태우며 실재계로 뛰어드는, 죽음을 동반한 주이상스jouissance의 언어를 시인이 아니면 누가 구사할까.

보이지 않는 창공은 새의 무덤이고
네가 꽃씨처럼 뿌려진 땅속에도
지워지지 않는 하늘이 있다

평생 심었던 솜털이 새봄을 품고
푸릇푸릇 자라는 들판
여백으로 꽉 찬 길이
뼈가 시리게 발목을 물지만
어느 하늘에도 물이 흐른다

물소리 하나 감추지 못하고
뿌리 없는 것들은 멈출 수 없어

물의 아이는 날개가 없어도
승천하고 자유자재 유영하리
―「물의 아이」 전문

앞에 인용했던 시(「불꽃의 아이」)는 이 시집의 제일 뒤에, 이 작품(「물의 아이」)은 이 시집의 제일 앞에 나온다. 누가 보아도 시인이 매우 의도적으로 "아이"라는 의미론적 매트릭스 위에 '물/불'의 이항 대립으로 이 시집 전체를 감싸놓고 있음을 알 수 있다. 그는 왜 이렇게 이항 대립의 짝-단어들을 시집의 앞뒤에 배치했을까. 이에 대한 일차적인 대답은 앞의 시에서도 이미 드러난다. 앞의 시에서 "불꽃"은 바로 이항 대립을 해체하는 매개물이자 (이항 대립이 해체된 상태의) 존재의 에너지이다. 그러므로 그가 '물/불'의 이항 대립물을 시의 앞뒤에 배치한 것은 이항 대립물을 존재의 구조로 강조하려는 것이 아니라, 오히려 명시적으로 해체하기 위함이다. 대립물들을 뚜렷하게 보여줌으로써 역으로 그것의 붕괴를 더욱 확연하게 보여주는 것이야말로 그의 전략이다. 위 시에서도 '창공/땅속', '들판/하늘'의 이항 대립이 풍경의 주조를 이루지만, 이런 이항 대립은 첫 연에서부터 바로 무너진다. 시인이 "창공"을 "새의 무덤"이라 부르는 순간, 창공은 무덤의 중력에 의해 땅속으로 내려온다. 땅속에 뿌려진 "꽃

씨" 안에도 "지워지지 않는 하늘"이 있다고 함으로써 창공/땅속의 이분법은 무력화되고 해체된다. 시인은 이렇게 이 시집의 첫 작품에서부터 마지막 작품에 이르기까지, 이항 대립으로 세계를 읽는 것이 불가능함을 보여주며 그런 차이의 체계로 이루어진 상징계의 언어를 의심한다. 두 번째 연에서 들판에만 물이 흐르는 것이 아니라 "하늘에도 물이 흐른다"라고 말하는 순간, 들판/하늘의 이분법 역시 더 이상 아무런 의미를 갖지 못한다. 마지막 연에서 "물의 아이"라 명명된 지상의 주체가 "날개가 없어도/ 승천하고 자유자재 유영"한다는 대목에 이르면 이항 대립의 언어 체계에 대한 시인의 부정이 비로소 완성된다. 상징계 안에서 상징계의 언어를 사용하지만 상징계 너머의 실재계를 끊임없이 넘보는("승천하고 자유자재 유영") 존재야말로 시인에 가장 가까운 주체이다.

은유 너머의 은유

윤형근의 시선은 상징계 안에서도 늘 실재계를 향하고 있다. 그것은 상징계의 사물을 항상 실재계 쪽으로 밀어당긴다. 그의 은유는 상징계의 질서에 순응하여 사물을 그 안에 친절하게 보존하지 않고 실재계 쪽으로 약간 띄워놓는다. 이렇게 상징계 안에서 실재계 쪽으로 공중 부양된 사물들이야말로 윤형근 시의 낯섦과 새로움을 구성한다.

> 존재의 결핍이 너를 붉게 물들였다.
> 앙상한 손, 두툼한 손, 뭉툭한 손, 물갈퀴 손
> 모두 애타게 흔들어 바람을 불러들이고
> 해를 향하든 달을 향하든 꿈에도
> 연달아 부메랑을 날려 보냈다.
> 새빨갛게 젖은 손은 허공을 휘젓고
> 하늘을 긁어 고랑이라도 파는지.
> 낙상홍 열매 같은 씨앗을 뿌려
> 석양을 온통 벌겋게 물들이누나.
> 오늘의 몰락을 장려하게 축복하는지
> 존재의 갈증이 너를 활활 타오르게 하여
> 세상도 맵고 붉게 익어갔다.
> ─「단풍잎 뜨겁게」 전문

이 시에서 주목할 단어는 바로 "결핍"이다. 결핍은 어디에서 생겨나는가. 라캉의 말대로라면 결핍은 어린아이가 언어 지배의 상징계로 들어오면서 시작된다. '엄마'라는 기호는 엄마의 '모든 것'을 그 안에 담거나 지시하지 못한다. 아이가 '엄마'라는 기호의 세계로 진입하는 순간,

전체gestalt로서의 엄마는 사라진다. 이렇게 구멍이 숭숭 뚫린 기호들이 결핍을 만들고 그런 결핍이 주체의 욕망을 불러일으킨다. 결핍의 언어로 욕망을 표현할수록 욕망은 점점 더 결핍의 늪으로 빠져든다. 이런 언어로, 이런 시니피앙signifiant으로, 실재계에 도달한다는 것은 불가능하다. 시니피앙의 연쇄인 언어는 결핍의 연쇄를 생산할 뿐이다. 그런데 시인은 바로 그런 "존재의 결핍"이 "너를 붉게 물들였다"고 한다. 상징계의 다양한 주체들은 별의별 손을 "모두 애타게 흔들어" "석양을 온통 벌겋게 물들이"고 "몰락을 장려하게 축복"한다. "존재의 갈증이 너를 활활 타오르게 하여" 단풍이 붉게 물들었다는 표현의 새로움은 어떻게 성취되었을까. 윤형근 시인의 경우에 그것은 유약한 서정시인의 주관적 감상에 의해서가 아니라, 결핍을 만드는 언어의 한계에 대한 지적 각성에서 비롯된다. 그는 현상의 모방(재현)에 급급해하지 않는다. 그는 현상을 에워싸는 더 큰 결핍의 연쇄를 쳐다보면서 사물들을 상징계의 허공에 띄워놓고 실재계 쪽으로 툭툭 처넣는다. 상징계를 벗어나 실재계로 넘어가려는 이 작업엔 물론 항상 실패("몰락")가 예정되어 있다. 그러나 충족을 가장한 언어의 구멍을 드러내고 궁극적인 실패를 알면서도 그것을 실재계의 절벽으로 밀어 넣는 것이야말로 시인이 하는 일이다.

옷이 몸에 달라붙어 피부로 인정되기도 한다

진보한 옷은 알록달록한 보호색을 띠거나
은밀하게 페로몬을 내뿜어 매력을 더하니
옷들을 수집하고 내세우기 위해 우리는
뼈가 휘도록 일을 하여 집안 여기저기
식구보다 훨씬 많은 화사한 의상들이 단란해
우아한 품격으로 가문을 빛낸단다

몇몇 조상은 죽어서도 옷걸이로 남아서
옷장 속에 머물러 족보를 받들고 버티는데
지하실에 은거하는 몇몇 반골 화가들만
원초적 아름다움을 찬양하며 환을 그린다
진화하기 전 벌거벗은 모습의 인간을
―「옷에 관한 명상」 부분

  몸이 실재라면 옷은 언어이다. 재현을 자랑하는 언어는 실재와 혼동을 일으키기도 한다. 그러나 몸은 어디까지나 몸일 뿐, 옷이 몸과 같을 수는 없다. 옷은 몸이 아니다. 그것은 몸에 얹힌 언어이고 문화이다. 옷을 몸으로 착각한 주체들은 오로지 상징계의 승자가 되기 위해 노동하고 축적한다. "가문"은 아버지의 법칙Father's Law에 충성한 주체들이 이룩한 거대한 언어의 체계이다. 상징계에서 그런 언어 이전의 "벌거벗은" 몸에 다가가는 것은 불가능하다. 오로지 "몇몇 반골 화가들만" 언어 이전의 "원초적 아름다움을 찬양하며 환을 그린다". "환"은 상징계의 그물에 포착되지 않는, 상징계의 구멍들을 통해서만 언뜻언뜻 빛나는 실재계이다. 반골 화가들처럼 시인도 몸을 가장한 옷을 벗기고 옷 이전의 몸을 찾는다. 시인의 은유는 이렇게 은유 자체로 끝나지 않는다. 그것은 은유를 은유하면서 은유 너머의 실재계를 향한다.

나는 이 땅에 명사로 태어나
매년 다른 명사로 명찰을 바꿔 달았지만
스스로 깨닫지 못한 채 살아왔다
삶이 꼬리표 달고 실려 가는 것도
모르고 밑바닥을 서성거리다가
어느 순간 대명사에게 포섭당하고

자폭을 꿈꾸도록 길들여졌다
집단 속에서 익명의 수사로 변해
어둠이 눈을 뜨면 동사가 나를 이끌어
명사에 매달렸던 관형사를 납치해 가두고
숨어 있던 형용사를 폭파하여
현장에 화약 냄새와 끌려간 자국만 남아

사는 건 점점 사라지는 길이라고
동사는 수행하는 부사에게 말하지만
나는 무엇을 느끼고 무슨 생각을 하는지
빗방울 하나에도 지워질 꿈인 삶을
어떻게 충만하게 채울지 몰라
저만치 감탄사 혼자 속으로 웅얼거릴 뿐
―「비문법적 이력서」 전문

 이 시의 전문을 인용할 수밖에 없는 것은, 이 시야말로 시인이 언어와 벌이는 사투의 과정을 자세히 보여주기 때문이다. 상징계 안에서 모든 주체는 기호의 형태로 존재한다. 시인에게 주어진 "명사"와 "대명사"는 상징계가 그에게 부여한 개체와 집단으로서의 주체이다. 상징계는 그 이름에 부여된 문화와 가치와 이데올로기에 시인이 복종할 것을 요구한다. 대문자 아버지의 명령으로 시인은 그렇게 "자폭을 꿈꾸도록 길들여졌다". 시인은 상징계가 명령하는 삶의 통로를 따라 "명사"에서 집단적 "수사"와 "동사"를 거쳐 "관형사"와 "형용사"와 "부사"의 길을 가지만, 그것들은 모두 "빗방울 하나에도 지워질 꿈인 삶"에 불과하다. 그것은 끊임없는 결핍을 낳고 시인은 그 결핍을 어떻게 하면 "충만하게 채울지 몰라" 헤맨다. "비문법직 이력서"란 결국 시인의 반反상징계적 이력서이며, 상징계 안에서 상징계의 질서를 거부하고 실재계로 향하는 위태로운 발길의 기록이다.

밤이면 이 거리에 의문의 택시가 다닌다
낮에는 누구의 눈에도 뵈지 않지만
얼굴 없는 기사가 핸들을 잡고 암행하는데
행인이 길가에서 손을 들고 불러도 멈추지 않아
…(중략)…

어디선가 흐느끼는 아이의 목소리가 울려
택시는 급히 방향을 바꾸어 그쪽으로 향한다
거기는 벼랑 끝으로 이어져 있다 급하게
브레이크 밟는 소리, 타이어 타는 냄새
…(중략)…

문득 젊은 여자의 찢어지는 비명이 날아와
택시는 후미진 뒷골목으로 뛰어든다
차체보다 폭이 좁은 길을 뚫고 나가
쓰레기통을 뒤지던 고양이를 통과하여
어두운 빌딩 지하 계단으로 들어간다
…(중략)…

자정이 지난 시각 도시를 떠난 택시는
국도를 지나 한적한 시골 지방도로 들어선다

가로등 아래 날뛰던 딱정벌레 떼가 숨겨 있다
종종 오소리 족제비도 길 한복판에 누워서
버둥거리다가 힘없이 고개를 꺾는다, 택시는
청소차로 변해 트렁크를 열어 사체를 거둬 간다
―「유령 택시」 부분

  이 시는 제목부터 '실제'가 아닌 '판타지' 소설의 분위기를 떠올린다. 시인의 택시는 술에 취한 거리에서 아무 때나 부르고 편하게 사용할 수 있는 택시가 아니다. 그것은 마치 "유령"처럼 상식과 통념과 문화의 지배적 가치들을 피해 달아난다. 그것은 자신을 호명하는 대문자 아버지(대타자the Other)의 목소리가 아니라 "어디선가 흐느끼는 아이의 목소리"나 "젊은 여자의 찢어지는 비명"에 따라 움직인다. 그것은 상징계의 취객들이 아니라 누구의 눈에도 띄지 않고 죽은 "딱정벌레 떼"나 "오소리 족제비"에게 달려간다. 시인은 왜 이런 황당한 이야기를 할까. 시인의 판타지는 상징계의 규범에서 벗어나 대타자의 명령을 거부하며 상징계 안에서 언어가 채 장악하지 못한 실재계의 흔적들을 끄집어낸다. 상징계의 대타자 아래에서, 그 밑바닥에서 비명을 지르는 것들은 모두 (상징계의 입장에서 보면) 탈규범적이고, 비통념적이며, 비지배적이고, 비언어적인 주체들이다. "유령 택시"는 그러므로 상징계 안에서 상징계의 내비게이션을 거부하고 실재계로 몸을 날리는 죽음의 택시, 주이상스의 택시이다. 그것은 매 순간 고통스러운 희열의 "벼랑"을 달린다. 이 시집엔 윤형근이 그렇게 실재계를 향하여 "급하게 브레이크 밟는 소리"와 "타이어 타는 냄새"로 자욱하다. 끝

달아실시선 97

해변극장

1판 1쇄 발행	2025년 9월 12일
지은이	윤형근
발행인	윤미소
발행처	(주)달아실출판사
책임편집	박제영
기획위원	박정대, 이홍섭, 전윤호
편집위원	김선순, 이나래
디자인	전부다
법률자문	김용진, 이종진
주소	강원도 춘천시 춘천로 257, 2층
전화	033-241-7661
팩스	033-241-7662
이메일	dalasilmoongo@naver.com
출판등록	2016년 12월 30일 제494호

ⓒ 윤형근, 2025
ISBN 979-11-7207-067-0 03810

이 책의 일부 또는 전부를 재사용하려면 반드시 저작권자와 (주)달아실출판사 양측의 동의를 얻어야 합니다.

* 잘못된 책은 구입한 곳에서 바꿔드립니다.
* 책값은 뒤표지에 표시되어 있습니다.
* 이 책은 **대전광역시**, **대전문화재단**의 후원으로 발간되었습니다.